Das Wesentliche von
Carl Menger

Das Wesentliche von

CARL MENGER

Aus der Reihe
„Grundlagen der Ökonomie“

Aprycot Media freut sich, dieses kleine Buch vorzustellen, das die Essenz des Denkens von Carl Menger vermittelt. Das gesamte in diesem Buch enthaltene Material wird von uns unter Creative Commons Attribution 4.0 veröffentlicht. Es steht dir frei, alle Inhalte für jeden Zweck nachzudrucken, sofern du die Quelle angibst. Darüber hinaus möchte Aprycot Media das ursprüngliche Quellenmaterial wie folgt anerkennen:

Es handelt sich um eine Übersetzung des Aufsatzes „Über die Ursprünge des Geldes“ von Carl Menger.

Englischer Originaltitel:
On the Origins of Money von Carl Menger
Erstveröffentlichung von On the Origins of Money im The Economic Journal 2 (1892): 239–255

ISBN 978-3-949098-19-2 (Print)
ISBN 978-3-949098-20-8 (ePub)

Übersetzung: Andreas Tank
Lektorat: Patrick Lemke, Fabio Troendle, Max Hester
Layout & Satz: Michi Nussbaumer
Cover: Michi Nussbaumer
Druck und Bindung: CPI books GmbH, Leck
Verlag: Aprycot Media – Held & Troendle GbR – Rheinfelden

1. Auflage 2022
Aprycot Media – Der Bitcoin Verlag – www.aprycot.media
Twitter & Instagram: @aprycotmedia

Inhaltsverzeichnis

Vorwort

Das öffentliche Verständnis dafür, was Geld ist und woher es kommt, hat sich bis zu dem Punkt entwickelt, an dem die staatlichen Währungsbehörden ungestraft inflationieren können. Als Endergebnis zerstört dies die Arbeitsteilung und macht sämtlichen Fortschritt der Menschheit bis zum heutigen Tag rückgängig. Der Durchschnittsbürger muss einem Rat der Weisen vertrauen, die im Geheimen in den Zentralbanken der Welt festlegen, was als Geld durchgeht – Papierzettel und Zahlen auf Computerbildschirmen. Diese Institutionen sind die größten Arbeitgeber universitär ausgebildeter Wirtschaftswissenschaftler. Unter der Führerschaft der Keynesianismus-Schule führen Zentralbanken jedoch geldpolitische Operationen durch, die Finanzierungsbedürfnisse erfüllen sollen, welche von Politikern für politische Zwecke verlangt werden.

Die Hoffnungen, Träume und Lebensstandards von Millionen von Menschen werden täglich von diesen anonymen Bürokraten beeinflusst, die angeblich ganz genau wissen, welche geldpolitischen Knöpfe sie zu drücken haben und welche Strippen es zu ziehen gilt, um unseren Wohlstand zu sichern. Trotzdem zeigt die Geschichte, dass Zentralbanker nur eine einzige Strategie haben, um alle Probleme zu lösen, insbesondere diejenigen, die sie selbst verursacht haben: Mehr Geld drucken – wobei ebendiese Pläne zur Stabilisierung stets im Gegenteil resultieren.

Wenn bloß jeder den Aufsatz lesen und verstehen könnte, den Sie gerade in Ihren Händen halten: *Money, Bank Credit and Economic Cycles* vom Schlarbaum-Preis-Gewinner des Jahres 2009 Jesús Huerta de Soto: „Die beste und vielleicht brillianteste Zusammenfassung von Mengers Theorie über die evolutionäre Herkunft des Geldes".

Im selben Jahr, in dem er vor der Währungskommission Österreich-Ungarns ausgesagt hatte, erklärte Carl Menger, dass es nicht Regierungserlässe sind, die Geld erschaffen, sondern der Markt. Individuen entscheiden sich dafür, was das marktfähigste Gut für den Gebrauch als Tauschmittel ist. „Der Mensch selbst ist der Anfang und das Ende jeder Wirtschaft", schrieb Menger und darin liegt auch begründet, was als Geld im Tauschhandel verwendet wird.

Es war Menger, der die gesamte Theorie sozialer Institutionen entwickelte, die aus menschlichem Zusammenspiel heraus entstehen, jeweils mit seinem eigenen subjektiven Wissen und seinen Erfahrungen. Es ist die spontane Entstehung jener menschlichen Handlungen, die Institutionen erschaffen, wobei Individuen bestimmte Verhaltensmuster entdecken, die jede Person bei der Erreichung ihrer Ziele effizienter unterstützt. Nichts ist wesentlicher für diese Entwicklung als die Entstehung des Geldes, das die Arbeitsteilung erst ermöglicht und die Befriedigung von Bedürfnissen erreichbar macht.

In seiner Aussage bei der Währungskommission 1892, drängte Menger auf eine Rückkehr zu stabilem Geld und gab spezifische Empfehlungen zur Erreichung dieses Ziels zum Besten. Menger war jedoch, mit den Worten von Hans F. Sennholz:

> stets skeptisch bezüglich des Wissens und der Weisheit der politischen Autoritäten, die die Reformen durchführten. Er hatte jedoch ein beständiges Vertrauen in die Prinzipien der Gesetze des Marktes, die aus der subjektiven Entscheidung der Menschen hervorsprießen.[1]

Während Ökonomen außerhalb der österreichischen Schule die Handlungen der Individuen in ihren

1 Hans Sennholz, „The Monetary Writings of Carl Menger", in *The Gold Standard: An Austrian Perspective*, Llewellyn H. Rockwell, Jr., ed. (Lexington, Mass.: Lexington Books, 1985), S. 33.

Theorien und Argumenten außen vorließen, beginnt Mengers Beitrag zu den Wirtschaftswissenschaften genau dort. Auf Menger fußt die gesamte österreichische Schule sowie die Geldtheorie und sie hat die Weichen für Mises, Hayek und Rothbard gestellt.

Leider dreht sich die Weltwirtschaft weiterhin um kontinuierliche Booms und Busts, während man die Macht über das Geld den Zentralbankern überlässt. Und solange dem freien Markt für die jüngsten finanziellen Zusammenbrüche die Schuld in die Schuhe geschoben wird, kann es keinen freien Markt geben, da das Geld durch den Staat gesteuert und verdorben wird. Menger hat die Antwort schon vor über einem Jahrhundert gegeben: Ein gesundes Geld und im Umkehrschluss eine gesunde Wirtschaft kann nur das Produkt eines freien Marktes sein.

Douglas E. French
Auburn, Alabama
November 2009

I.
Einleitung

Ein Phänomen zieht seit jeher die Aufmerksamkeit von Sozialphilosophen und praktischen Wirtschaftswissenschaftlern auf sich: Die Tatsache, dass bestimmte Güter (in fortgeschrittenen Zivilisationen Gold- und Silbermünzen, letztendlich zusammen mit Scheinen, die diese Münzen vertreten) das universell akzeptierte Tauschmittel wurden. Es ist selbst für Menschen mit sehr durchschnittlichem Verstand offensichtlich, dass ein Gut von seinem Besitzer nur dann freiwillig abgegeben wird, wenn er im Austausch dafür etwas erhält, das für ihn nützlicher ist. Dass aber jedes Wirtschaftssubjekt einer Nation dazu bereit ist, seine Güter für kleine Metallscheiben zu tauschen, die an sich nutzlos erscheinen oder für Papierschiene, die Münzen abbilden sollen, ist ein Prozess, der dem natürlichen Lauf der Dinge so entgegensteht, dass wir uns nicht zu wundern brauchen, wenn selbst ein so ausgezeichneter Denker wie Savigny dies geradezu als „geheimnisvoll“ betrachtet.

Man sollte nicht glauben, dass der Schlüssel dieses Phänomens in Form der Münzen oder der Scheine dieses derzeitigen Geldmittels liegt. Wir können diese Formen beiseitelassen und zurück zu den früheren Abschnitten der wirtschaftlichen Entwicklung blicken oder auch dorthin, was in manchen Ländern erhalten geblieben ist, wo wir die wertvollen Metalle in ungemünztem Zustand als Tauschmittel dienend vorfinden und sogar bestimmte andere Güter wie Vieh, Häute, Teeziegel, Salztafeln, Kaurischnecken, usw. Trotzdem sind wir mit diesem Phänomen konfrontiert. Trotzdem müssen wir immer noch erklären, warum der wirtschaftende Mensch bereit ist, bestimmte Güter zu akzeptieren, *selbst wenn er sie nicht benötigt oder sein Bedarf bereits gedeckt ist*, im Austausch für all die Güter, die er auf den Markt gebracht hat, während er doch zunächst sein eigenes Bedürfnis hinsichtlich dessen befragt, welche Güter er im Zuge seiner Transaktionen erwerben sollte.

Seit den ersten Anfängen reflektierender Überlegungen über Gesellschaftserscheinungen bis zum heutigen Tage zieht sich eine ununterbrochene Kette von Erörterungen über die Natur des Geldes und seiner Eigenarten in seiner Beziehung durch all das, was den Verkehr ausmacht. Philosophen, Juristen und

Historiker sowie Ökonomen, selbst Naturalisten und Mathematiker haben sich dieses bemerkenswerten Problems angenommen und es gibt kein zivilisiertes Volk, das nicht seinen Anteil an ausgiebiger Literatur diesbezüglich zum Besten gegeben hat. Was ist die Natur dieser Münzen und Scheine, die an sich keinen nützlichen Zweck zu erfüllen scheinen und die trotzdem, im Gegensatz zu aller sonstigen Erfahrung, im Austausch gegen die nützlichsten Güter von einer Hand zur nächsten gehen, ja, für die sogar jeder eifrig darum bemüht ist, seine Waren aufzugeben? Ist Geld ein organisches Glied der Güterwelt oder eine wirtschaftliche Anomalie? Sollten wir uns bei seinem gewerblichen Umlauf und seinem Handelswert auf dieselben Ursachen verlassen wie bei anderen Gütern oder ist Geld ein alleinstehendes Produkt von Konvention und Autorität?

II. Bisherige Lösungsversuche

Bislang kann für die Ergebnisse der Untersuchung des oben genannten Problems kaum behauptet werden, dass sie in einem angemessenen Verhältnis zu der großen Entwicklung der historischen Forschung im Allgemeinen oder zu dem Aufwand an Zeit und Intellekt stehen, der für die Bemühungen um eine Klärung aufgewendet wurde. Diese rätselhafte Erscheinung namens Geld verbleibt bis zum heutigen Tag ohne eine befriedigende Erklärung. Ebenfalls besteht bislang keine Einigkeit über die grundlegendsten Fragen seiner Natur und Funktionen. Bis heute haben wir keine zufriedenstellende Theorie des Geldes.

Die zunächst einmal naheliegende Erklärung der spezifischen Funktion des Geldes als derzeit universelles Tauschmittel war es, auf eine generelle Konvention oder eine gesetzliche Regelung zu verweisen. Das Problem, das die Wissenschaft hier lösen muss, besteht darin, eine Erklärung für eine allgemeine, homogene Handlungsweise zu finden, die Menschen bei Transaktionen verfolgen, die bei genauer Betrachtung unwiderlegbar im Interesse des Gemeinwohls liegt und die doch mit den naheliegendsten und unmittelbarsten Interessen der interagierenden Individuen im Konflikt zu stehen scheinen. Was könnte unter solchen Umständen näherliegen als der Gedanke sich darauf zu beziehen, dass die Gründe für die obigen Abläufe außerhalb der Sphären individueller Betrachtungen lägen? Anzunehmen, dass bestimmte Güter, insbesondere die Edelmetalle, durch allgemeine Konvention oder das Gesetz zum Tauschmittel erhoben wurden, was dem Interesse des Gemeinwohls dient, hat dieses Problem gelöst. Dieses Problem wurde auf scheinbar einfache und natürliche Weise gelöst, insofern, dass die Form der Münzen ein Symbol der staatlichen Regulierung zu sein schienen. Dies ist in der Tat die Meinung von Plato, Aristoteles und den römischen Juristen, dicht gefolgt von mittelalterlichen Schriftstellern. Selbst die moderneren Entwicklungen der Theorie des Geldes ist kaum über diesen Standpunkt hinausgekommen.[2]

2 Cf. Roscher, System *Der Volkswirtschaft*, I Ab. 116; *Grundsätze der Volkswirtschaftslehre*, 1871, S. 255 ff: M. Block, *Les Progres de la Science economique depuis A. Smith*, 1890, II. S. 59 ff.

Bei genauerer Betrachtung verbleibt bei der zugrundeliegenden Vermutung über diese Theorie jedoch Raum für gravierende Zweifel. Ein Ereignis von solch hoher und universeller Bedeutung und einer so unausweichlichen Bekanntheit wie die gesetzliche oder vertragliche Etablierung eines universellen Tauschmittels wäre sicherlich im Gedächtnis der Menschen verhaftet geblieben, besonders da dies bei einer Vielzahl an Orten durchgeführt hätte werden müssen. Es gibt jedoch keine historische Schrift, die uns eine vertrauenswürdige Überlieferung jedweder Transaktionen bringt, die entweder bereits im Gebrauch befindlichen Tauschmitteln eine eindeutige Anerkennung verleihen oder auf ihre Übernahme durch Völker mit vergleichsweise junger Kultur hinweisen, geschweige denn eine Einführung der frühesten Zeitalter der wirtschaftlichen Zivilisation beim Gebrauch von Geld.

Und tatsächlich bleibt die Mehrheit der Theoretiker bei diesem Thema nicht bei der oben genannten Erklärung des Geldes stehen. Wie sehr sich Edelmetalle für Währungszwecke und Münzprägung eignen, wurde von vielen bekannten Autoren aufgezeigt, wie von Aristoteles, Xenophon und Plinius festgestellt, sowie in weitaus größerem Umfang durch John Law, Adam Smith und seinen Schülern, die alle eine weitere Erklärung für die Wahl der Edelmetalle als Tauschmittel in ihren besonderen Eigenschaften suchten. Nichtsdestotrotz ist es klar, dass die Wahl der Edelmetalle durch Gesetz oder Konvention, selbst wenn sie aufgrund ihrer besonderen Eignung für monetäre Zwecke getroffen wurde, den pragmatischen Ursprung des Geldes und die Auswahl dieser Metalle voraussetzt und eine Voraussetzung erfüllt keine wissenschaftlich-historischen Standards. Nicht einmal die oben genannten Theoretiker sind das zu lösende Problem angegangen, nämlich zu erklären, wieso bestimmte Waren aus der Masse aller anderen Waren hervorgehoben und als allgemein anerkanntes Tauschmittel akzeptiert werden – und zwar in der Regel die Edelmetalle. Diese Frage betrifft nicht nur den Ursprung, sondern die Natur des Geldes und seiner Position in Beziehung zu allen anderen Gütern.

III. Das Problem der Entstehung eines Tauschmittels

Im primitiven Warenwirtschaftsverkehr erwächst bei den handelnden Menschen sehr allmählich das Verständnis für die wirtschaftlichen Vorteile, die man durch den gezielten Tauschhandel erlangen kann. Die Ziele richten sich in erster Linie, entsprechend der Einfachheit aller primitiven Kulturen, nur auf das, was zuerst zur Hand ist. Und nur in diesem Verhältnis zieht der Mensch den Gebrauchswert der Güter, die er erwerben möchte, bei seinen Verhandlungen in Betracht. Unter diesen Bedingungen ist jeder Mensch darauf bedacht, im Tausch nur die Güter zu erhalten, die er unmittelbar benötigt und die abzulehnen, für die er keine Verwendung hat, beziehungsweise die, mit denen er bereits ausreichend versorgt ist. Daher ist es klar, dass unter allen Umständen die Anzahl tatsächlich abgeschlossener Geschäfte innerhalb sehr enger Grenzen liegt. Wir müssen uns bloß anschauen, wie selten es der Fall ist, dass ein Gut, das jemand besitzt, von geringerem Gebrauchswert ist als ein anderes Gut, das jemand anderem gehört! Und für Letztere gilt genau das umgekehrte. Aber wie viel seltener passiert es, dass diese beiden sich treffen? Man denke nur an die eigentümlichen Schwierigkeiten, die den unmittelbaren Tausch von Waren hemmen, bei Fällen, wo Angebot und Nachfrage quantitativ nicht übereinstimmen; wo z.B. ein unteilbares Gut getauscht werden soll gegen eine Vielzahl von Gütern im Besitz verschiedener Personen, oder auch gegen solche Waren, die nur zu bestimmten Zeiten nachgefragt und nur von bestimmten Personen geliefert werden können! Selbst in relativ einfachen und oft wiederkehrenden Fällen, bei denen ein Wirtschaftssubjekt A ein Gut benötigt, das B besitzt und B benötigt eines, das C gehört, wogegen C eines möchte, das A gehört – selbst hier, unter der Regel des bloßen Tauschhandels, würde der Tauschhandel der besagten Güter notwendigerweise unterlassen werden.

Diese Schwierigkeiten hätten sich als absolut unüberwindliche Hindernisse für den Fortschritt des Warenwirtschaftsverkehrs und zugleich für die Produktion von Waren, die keinen regelmäßigen Absatz finden, erwiesen, wenn nicht in der Natur der Sache selbst eine Abhilfe gelegen hätte, nämlich die *unterschiedliche Verkäuflichkeit der Waren.* Der Unterschied, der in dieser Hinsicht zwischen den Handelswaren besteht, ist von höchster Bedeutung für die Geldtheorie und der Marktwirtschaft im Allgemeinen. Die Nichtberücksichtigung der Erklärung der Phänomene des Handels, stellt nicht nur eine beklagenswerte Lücke in unserer Wissenschaft dar, sondern auch eine der wesentlichen Ursachen für den rückständigen Zustand der Geldtheorie. *Die Theorie des Geldes setzt notwendigerweise eine Theorie der Verkäuflichkeit von Gütern voraus*. Wenn wir dies begreifen, werden wir in der Lage sein zu verstehen, inwiefern die nahezu unbegrenzte Verkäuflichkeit des Geldes nur ein Spezialfall ist – hierin liegt nur ein gradueller Unterschied eines allgemeinen Phänomens des Wirtschaftslebens – nämlich der Unterschied der Verkäuflichkeit von Waren im Allgemeinen.

IV.
Güter und ihre Verkäuflichkeit

Es ist ein weit verbreiteter sowie offenkundiger Fehler in der Wirtschaftswissenschaft, dass von allen Gütern zu einem bestimmten Zeitpunkt auf einem Markt angenommen wird, dass sie in einem konkreten Tauschverhältnis zueinander stehen würden, oder anders gesagt, dass sie in konkreten Mengen beliebig untereinander getauscht werden können. Es stimmt nicht, dass auf jedem bestehenden Markt 10 Kilogramm eines Artikels 2 Kilogramm eines anderen und 3 Kilogramm eines dritten Artikels und so weiter entsprechen. Die oberflächlichste Betrachtung der Marktphänomene lehrt uns, dass es nicht in unserer Macht liegt, wenn wir einen Artikel für einen bestimmten Preis gekauft haben, diesen sofort wieder zum selben Preis zu verkaufen. Wenn wir bloß versuchen, ein Kleidungsstück, ein Buch oder ein Kunstwerk, das wir gerade gekauft haben, auf demselben Markt wieder zu verkaufen, selbst wenn es nur einmal sein sollte, bevor sich alle Bedingungen geändert haben, dann sollte es uns ein Leichtes sein uns von der Falschheit einer solchen Annahme zu überzeugen. Der Preis, zu dem jemand nach Belieben ein Gut auf einem bestimmten Markt zu einem bestimmten Zeitpunkt kaufen kann und der Preis zu dem er auf demselben Markt nach Belieben verkaufen kann, sind zwei vollständig unterschiedliche Größen.

Dies gilt sowohl für Großhandels- als auch für Einzelhandelspreise. Selbst so marktfähige Güter wie Mais, Baumwolle oder Roheisen können nicht einfach zu dem Preis verkauft werden, zu dem wir sie gekauft haben. Handel und Spekulation wären die einfachsten Geschäfte der Welt, wenn die Theorie der „objektiven Äquivalente von Gütern“ korrekt wäre, wenn es tatsächlich wahr wäre, dass auf einem bestimmten Markt und zu einem bestimmten Moment Güter nach Belieben in bestimmte Mengenverhältnisse umgewandelt werden könnten – kurz gesagt, wenn sie zu einem bestimmten Preis genauso einfach verkauft wie erworben werden könnten. So etwas wie eine allgemeine Verkäuflichkeit von Gütern in diesem Sinne gibt es jedoch nicht. Die Wahrheit ist, dass wir selbst in den am besten organisierten Märkten zwar zu einem bestimmten Preis, dem *Einkaufspreis* kaufen können wann und was wir wollen, aber wir können dasselbe nur dann wieder schnell und problemlos verkaufen, wenn wir einen Verlust hinnehmen, nämlich zum *Verkaufspreis*.[3]

Der Verlust, den jemand erleidet, der gezwungen ist, einen Artikel zu einem bestimmten Zeitpunkt veräußern zu müssen, ist im Vergleich zu den aktuellen Einkaufspreisen eine sehr variable Größe, wie ein Blick auf Handel und Märkte für bestimmte Güter zeigen wird. Wenn Mais oder Baumwolle auf einem organisierten Markt veräußert werden soll, ist der Verkäufer in der Lage, dies in praktisch jeder beliebigen Menge, zu jedem beliebigen Zeitpunkt und zum aktuellen Preis zu tun, oder im Höchstfall mit einem Verlust von nur wenigen Cents auf die Gesamtsumme. Stellt sich die Frage nach Veräußerung von Kleidung oder Seide in großen Mengen, wird der Verkäufer regelmäßig einen erheblichen Prozentsatz an Preisminderung erdulden müssen. Viel schlimmer ist der Fall desjenigen, der zu einem bestimmten Zeitpunkt kaum marktgän-

---

3 Es muss unterschieden werden zwischen den höheren Einkaufspreisen, die der Käufer aufgrund des Wunschs zu einem bestimmten Zeitpunkt zu kaufen zu zahlen hat und den (niedrigeren) Verkaufspreisen, mit denen sich derjenige zufriedengeben muss, der dazu verpflichtet ist seine Güter innerhalb einer bestimmten Frist loszuwerden. Je kleiner der Unterschied zwischen An- und Verkauf des Artikels, desto größer zeigt sich für gewöhnlich die Verkäuflichkeit.

gige Artikel loswerden muss, wie zum Beispiel astronomische Instrumente, anatomische Präparate, Sanskrit-Schriften und dergleichen.

Wenn wir bestimmte Güter oder Waren *mehr oder weniger verkäuflich* nennen, je nach der größeren oder geringeren Möglichkeit, mit der sie auf einem Markt zu jeder günstigen Zeit, zu den gegenwärtigen Einkaufspreisen oder mit geringerer oder größerer Verminderung derselben veräußert werden können, so können wir aus dem Gesagten ersehen, dass in diesem Zusammenhang ein offensichtlicher Unterschied zwischen den Gütern besteht. Dennoch und trotz der großen praktischen Bedeutung kann man nicht sagen, dass dieses Phänomen in der Wirtschaftswissenschaft viel beachtet worden ist. Dies ist im Allgemeinen dem Umstand geschuldet, dass die Untersuchung des Preisphänomens fast ausschließlich auf die Mengen der getauschten Waren gerichtet war und nicht so sehr auf die größere oder geringere Leichtigkeit, mit der Waren zu normalen Preisen veräußert werden können. Der Grund dafür ist zum Teil auch die gründliche Abstraktheit, mit der die Verkäuflichkeit von Gütern behandelt wurde, ohne alle Umstände des Falls in Betracht zu ziehen.

Wer mit seiner Ware auf den Markt geht, will sie in der Regel nicht zu irgendeinem Preis veräußern, sondern zu einem Preis, der der allgemeinen wirtschaftlichen Lage entspricht. Wenn wir die Verkäuflichkeit von Waren untersuchen, um ihre Bedeutung für das praktische Leben aufzuzeigen, können wir dies nur tun, indem wir die mehr oder weniger gute Verkäuflichkeit zu Preisen untersuchen, die der allgemeinen wirtschaftlichen Lage entsprechen, d.h. zu Marktpreisen.[4] Ein Gut ist mehr oder weniger verkäuflich, abhängig davon, ob wir es mit mehr oder weniger Aussicht auf Erfolg zu Preisen veräußern können, die der allgemeinen wirtschaftlichen Lage, den Marktpreisen, entsprechen.

---

4 Der Grad der Verkäuflichkeit eines Guts wird nicht durch die Tatsache enthüllt, dass es zu jedem Preis veräußert werden kann, einschließlich einem, der aus einer Notlage oder einem Unfall resultiert. In diesem Sinne sind alle Güter ziemlich gleich gut verkäuflich. Ein hoher Grad an Verkäuflichkeit eines Guts besteht aufgrund der Tatsache, dass es jederzeit leicht und sicher zu einem Preis veräußert werden kann, der der allgemeinen wirtschaftlichen Lage entspricht oder zumindest nicht von ihr abweicht – zu einem wirtschaftlichen oder annähernd wirtschaftlichen Preis. Der Preis eines Guts kann aus zwei Gründen als unwirtschaftlich bezeichnet werden: (1) als Folge von Irrtum, Unwissenheit, Willkür usw.; (2) als Folge der Umstände, dass nur ein Teil des Angebots der Nachfrage zur Verfügung steht, während der Rest aus irgendeinem Grund zurückgehalten wird, und der Preis infolgedessen nicht der tatsächlich bestehenden wirtschaftlichen Situation entspricht.

Das Zeitintervall, innerhalb dessen mit der Veräußerung eines Guts zum wirtschaftlichen Preis gerechnet werden kann, ist zudem von großer Bedeutung für die Frage nach dem Grad seiner Verkäuflichkeit. Es spielt keine Rolle, ob die Nachfrage nach einem Gut klein ist oder ob die Verkäuflichkeit aus anderen Gründen gering ist; wenn der Besitzer nur abwarten kann, wird er schließlich und auf lange Sicht in der Lage sein, zu wirtschaftlichen Preisen zu verkaufen. Da diese Bedingung im tatsächlichen Geschäftsverkehr jedoch oft nicht gegeben ist, ergibt sich für die Praxis ein wichtiger Unterschied zwischen denjenigen Gütern, von denen wir einerseits erwarten, dass wir sie zu einem bestimmten Zeitpunkt zu wirtschaftlichen oder zumindest annähernd wirtschaftlichen Preisen veräußern können und solchen Gütern, bei denen wir diese Aussicht nicht haben, oder zumindest nicht in gleichem Maße, und bei dessen Veräußerung zu wirtschaftlichen Preisen der Eigentümer vorhersehen kann, dass es nötig sein wird länger oder kürzer zu warten oder einen mehr oder weniger deutlichen Preisabschlag in Kauf zu nehmen.

Auch hier muss der quantitative Faktor bei der Verkäuflichkeit von Gütern berücksichtigt werden. Einige Güter können infolge der Entwicklung der Märkte und der Spekulation jederzeit, in praktisch jeder Menge zu wirtschaftlichen oder annähernd wirtschaftlichen Preisen verkauft werden. Andere Güter können nur in geringeren Mengen zu wirtschaftlichen Preisen verkauft werden, entsprechend dem allmählichen Wachstum einer effektiven Nachfrage, wobei ein vergleichsweise niedrigerer Preis im Falle eines größeren Angebots erzielt wird.

V.
Über die Ursachen der unterschiedlichen Verkäuflichkeit von Gütern

Der Grad, zu dem ein Gut erfahrungsgemäß auf einem bestimmten Markt, zu einer bestimmten Zeit und zu Preisen, die der wirtschaftlichen Situation angepasst sind (Wirtschaftspreise) verkauft wird, ist abhängig von den folgenden Umständen:

1. Von der Anzahl an Personen, die das gefragte Gut noch immer benötigen und von Ausmaß und Umfang dieser Notwendigkeit, die unversorgt geblieben ist oder permanent wiederkehrt.
2. Von der Kaufkraft dieser Personen.
3. Von der verfügbaren Menge des Gutes im Verhältnis zum bisher unversorgten (absoluten) Bedürfnis danach.
4. Von der Teilbarkeit des Gutes und jeder anderen Art, auf die es auf die Bedürfnisse der individuellen Kunden angepasst werden könnte.

5. Von der Entwicklung des Marktes und insbesondere von der Spekulation.

Und letztendlich:

6. Von der Anzahl und der Natur der Beschränkungen, die politisch und gesellschaftlich auf den Handel und den Konsum des gefragten Guts verhängt werden.

Wir können auf die gleiche Weise vorgehen, wie wir den Grad der Verkäuflichkeit von Gütern auf bestimmten Märkten zu bestimmten Zeiten betrachtet haben, um die räumlichen und zeitlichen Grenzen ihrer Verkäuflichkeit zu bestimmen. Auch in dieser Hinsicht beobachten wir in unseren Märkten manche Güter, bei denen die Verkäuflichkeit nahezu unbegrenzt durch Ort oder Zeit ist und andere, bei denen der Verkauf mal mehr und mal weniger begrenzt ist.

Die *räumlichen* Grenzen der Verkäuflichkeit von Gütern sind hauptsächlich bedingt:

1. Durch den Grad, in dem der Bedarf der Güter räumlich verteilt ist.
2. Durch den Grad, in dem sich die Waren für den Transport eignen und die Kosten des Transports im Verhältnis zu ihrem Wert.

3. Durch das Ausmaß, in dem die Transportmittel und der Handel im Allgemeinen entwickelt sind im Hinblick auf unterschiedliche Klassen von Gütern.
4. Durch die örtliche Ausdehnung organisierter Märkte und deren Kommunikation untereinander durch „Arbitrage".
5. Durch die Unterschiede in den Beschränkungen, die der Kommunikation untereinander im Handel auferlegt wird, im Hinblick auf unterschiedliche Güter im regionalen und insbesondere im internationalen Handel.

Die *zeitlichen* Einschränkungen der Verkäuflichkeit von Gütern sind hauptsächlich bedingt:

1. Durch die Dauerhaftigkeit ihrer Notwendigkeit (ihre Unabhängigkeit von Schwankungen derselben).
2. Durch ihre Haltbarkeit, d.h. ihre Eignung zur Aufbewahrung.
3. Durch die Kosten ihrer Aufbewahrung und Lagerung.
4. Durch den Zinssatz.
5. Durch die Regelmäßigkeit eines Marktes für diese Güter.
6. Die Entwicklung der Spekulation und insbesondere der Termingeschäfte in Verbindung mit den Gütern.

7. Die politischen und gesellschaftlichen Beschränkungen für ihre Übertragung von einem Zeitpunkt auf den anderen.

All diese Umstände, von denen der unterschiedliche Grad und die verschiedenen örtlichen und zeitlichen Grenzen der Verkäuflichkeit von Gütern abhängen, erklären warum bestimmte Güter mit solcher Leichtigkeit und Sicherheit in bestimmten Märkten verkauft werden können, d.h. innerhalb örtlicher und zeitlicher Grenzen, zu jeder Zeit und in praktisch jeder Menge, zu Preisen, die der allgemeinen wirtschaftlichen Situation entsprechen, während die Verkäuflichkeit anderer Waren in engen räumlichen und zeitlichen Grenzen liegt: und selbst innerhalb dieser ist der Verkauf der betreffenden Güter schwierig und, soweit die Nachfrage nicht abgewartet werden kann, kann sie nicht ohne einen mehr oder weniger spürbaren Preisverfall herbeigeführt werden.

VI. Über die Entstehung der Tauschmittel[5]

Es ist seit langem Gegenstand der allgemeinen Betrachtung der Märkte, dass für bestimmte Güter eine größere, konstantere und effektivere Nachfrage als für andere Güter herrscht, die in gewisser Hinsicht weniger begehrt sind. Erstere entsprechen einem Bedürfnis der Handelsfähigen und Handelswilligen, das zugleich allgemein ist und wegen der relativen Knappheit der betreffenden Waren immer nur unvollkommen befriedigt wird. Und desweiteren, dass die Person, die bestimmte Güter im Tausch gegen die eigenen erwerben möchte, in einer günstigeren Lage ist, wenn sie Güter dieser Art auf den Markt bringt, als wenn sie die Märkte mit Gütern aufsucht, die solche Vorteile nicht oder zumindest nicht in gleichem Maße mit sich bringen. Mit solchen Vorteilen hat die Person die Aussicht derartige Güter zu erwerben. Nicht nur mit erhöhter Leichtigkeit und Sicherheit, son-

5 Vgl. mein Artikel über „Geld" im *Handwörterbuch der Staatswissenschaften*, Jena, 1891, iii, S. 730 ff.

dern ebenfalls durch die beständig vorherrschende Nachfrage nach ihren Gütern, zu Preisen, die der allgemeinen wirtschaftlichen Lage entsprechen – den Marktpreisen. Unter diesen Umständen, wenn jemand Güter mitgebracht hat, die auf dem Markt nicht leicht verkäuflich sind, ist es sein höchstes Anliegen diese zu tauschen. Nicht nur, weil er dies braucht, sondern, wenn dies nicht direkt geschehen kann, ebenfalls für andere Güter, die, wenn er sie nicht für sich selbst haben möchte, am Ende immer noch verkäuflicher sind als seine eigenen. Indem er dies tut, erreicht er sicherlich nicht sofort das Objekt, auf das sein Handel letztendlich abzielt, nämlich den Erwerb von Gütern, die für ihn selbst nützlich sind. Trotzdem kommt er diesem Objekt näher. Über den Umweg des indirekten Tausches, gewinnt er die Aussicht, sein Ziel sicherer und wirtschaftlicher zu erreichen, als wenn er sich nur auf den direkten Austausch beschränkt hätte. Nun scheint dies jedoch in der Tat überall der Fall zu sein. Die Menschen wurden mit zunehmendem Wissen über ihre individuellen Interessen, jeder durch sein eigenes wirtschaftliches Interesse, ohne Konvention, ohne staatlichen Zwang, ja sogar ohne Rücksicht auf das Gemeinwohl, dazu getrieben, Güter, die für den Austausch bestimmt waren (ihre „Waren"), gegen Güter, die gleichermaßen für den Austausch bestimmt waren, aber verkäuflicher sind, zu tauschen.

Mit der Ausbreitung des räumlichen Handels und mit der Ausweitung über immer längere Zeiträume durch Voraussicht nach zufriedenstellenden materiellen Bedürfnissen, hat jedes Individuum aus seinen eigenen Interessen heraus gelernt, dass es gut daran tut, seine weniger verkäuflichen Güter gegen diese speziellen Güter zu tauschen, da neben der Attraktivität der hohen Verkäuflichkeit in einer bestimmten Region auch eine hohe Reichweite an Verkäuflichkeit in Zeit und Ort zu erreichen ist. Diese Waren qualifizieren sich durch ihre Kostbarkeit, die Leichtigkeit sie zu transportieren und ihre Haltbarkeit (in Verbindung mit dem Umstand einer stetigen und weit verbreiteten Nachfrage), um dem Eigentümer nicht nur die Macht im Hier und Jetzt zu versichern, sondern so weit wie möglich unbegrenzt in Raum und Zeit im Allgemeinen, über alle Marktgüter zu wirtschaftlichen Preisen.

Und so kam es, dass die Menschen mit diesen wirtschaftlichen Vorteilen vertrauter wurden, indem hauptsächlich eine Einsicht zur Tradition wurde und durch die Gewohnheit der wirtschaftlichen Handlung, sodass diese Güter, die im Verhältnis zu Zeit und Raum am verkäuflichsten waren, in jedem Markt zu den Waren wurden, die nicht nur im Interesse jedermanns zur Akzeptanz des Tauschs für weniger verkäufliche Güter lagen, sondern diejenigen sind, die sie bereitwillig akzeptierten. Und ihre überlegene Verkäuflichkeit hing nur von der relativ unterlegenen Verkäuflichkeit jedes anderen Gutes ab, durch die allein sie in der Lage waren, zum allgemein akzeptierten Tauschmittel zu werden.

Es ist offensichtlich, wie wichtig der Faktor der Gewohnheit in der Entstehung eines so allgemein gebrauchsfähigen Tauschmittels ist. Es liegt im wirtschaftlichen Interesse jedes handelnden Individuums, weniger verkaufsfähige Güter für mehr verkaufsfähige Güter zu tauschen. Die bereitwillige Akzeptanz des Tauschmittels setzt bereits ein Wissen über die Interessen jener Wirtschaftssubjekte voraus, von denen erwartet wird, ein Gut im Austausch für ihre Waren anzunehmen, das selbst möglicherweise völlig wertlos für sie ist. Es ist sichergestellt, dass dieses Wissen niemals in allen Teilen einer Nation zur selben Zeit aufkam. Es gibt nur in der ersten Instanz eine beschränkte Anzahl an Wirtschaftssubjekten, die den Vorteil einer solchen Prozedur erkennen. Ein Vorteil der, in und durch sich selbst, unabhängig von der allgemeinen Erkenntnis eines Gutes als Tauschmittel ist, insofern ein solcher Austausch, immer und unter allen Umständen, ein Wirtschaftssubjekt ein gutes Stück näher an sein Ziel bringt, die nützlichen Dinge zu erwerben, die es eigentlich benötigt. Es wird jedoch zugegeben, dass es keine bessere Methode zur Erkenntnis über die wirtschaftlichen Interessen eines jedermanns gibt, als die, dass er den wirtschaftlichen Erfolg derjenigen wahrnimmt, die die richtigen Mittel einsetzen, um ihren eigenen Erfolg sicherzustellen. Daher ist ebenso offensichtlich, dass nichts so vorteilhaft für die Entstehung eines Tauschmittels ist, wie die Akzeptanz auf Seiten der anspruchsvollsten und kompetentesten Wirtschaftssubjekte zu ihrem eigenen wirtschaftlichen Vorteil und über einen beträchtlichen Zeitraum hinweg von in hohem Maße verkäuflichen Gütern im Gegensatz zu allen anderen. Auf diese Weise haben Praxis und Gewohnheit sicherlich nicht wenig dazu beigetragen Güter hervorzubringen, die zu jeder Zeit am verkäuflichsten waren, die nicht nur von vielen Wirtschaftssubjekten zum Austausch für weniger verkäufliche Güter angenommen wurden, sondern letztendlich von allen; und nicht nur das, sondern sie wurden auch von Anfang an mit der Absicht angenommen, sie wieder gegen andere einzutauschen. Güter, die daher zum allgemein akzeptierten Tauschmittel wurden, nannten die Deutschen *Geld*, von *gelten*, d.h. zahlen, ausüben, wogegen andere Nationen ihr Ziel des Geldes hauptsächlich von der genutzten Substanz ableiteten[6], der Form der Münze[7] oder sogar von bestimmten Arten von Münzen[8].

Es ist für ein Tauschmittel nicht unmöglich, wie auch andere soziale Einrichtungen, durch eine Art Gesetzgebung erschaffen zu werden, um dem Gemeinwohl, im empathischsten Sinne dieses Wortes, zu dienen. Dies ist jedoch weder der einzige Weg, noch ist es die primäre Art und Weise, wie Geld seinen Ursprung gefunden hat. Dies ist viel deutlicher in dem oben dargestellten Prozess zu erkennen, obwohl die Natur dieses Prozesses nur sehr unvollständig erklärt werden würde, wenn wir ihn „organisch" nennen oder Geld als etwas „Ursprüngliches" oder „Urwachstum", und so weiter bezeichnen würden. Wenn wir Annahmen beiseitelassen, die historisch nicht solide sind,

6 Im hebräischen *Keseph*, dem griechischen *argurion*, dem lateinischen *argentum*, dem französischen *argent*, etc.

7 Im englischen *money*, im spanischen *moneda*, im portugiesischen *moeda*, im französischen *monnaie*, im hebräischen *maoth*, im arabischen *fulus*, im griechischen *nomisma*, etc.

8 Im italienischen *danaro*, im russischen *dengi*, im polnischen *pienondze*, im böhmischen und slawischen *penise*, im dänischen *penge*, im schwedischen *penningar*, im ungarischen *pens*, etc. (d.h. *denare* = *penny* = *Pfennige*).

können wir die Ursprünge des Geldes nur dann ganz verstehen, wenn wir die Etablierung gesellschaftlicher Vorgehensweisen als spontane Ordnung in Folge individueller Handlungen verstehen, die die Verkäuflichkeit so unterschiedlich haben werden lassen.[9]

9 Vgl. zu diesem Punkt mein *Grundsätze der Volkswirtschaftslehre*, 1871, S. 250 ff.

VII. Der Prozess der Unterscheidung zwischen den Gütern die zum Tauschmittel geworden sind und dem Rest

Wenn die im Vergleich verkäuflichsten Güter zu „Geld" geworden sind, hat dieses einflussreiche Ereignis zunächst die Wirkung, ihre ursprünglich hohe Verkäuflichkeit noch einmal erheblich zu steigern. Jedes Wirtschaftssubjekt, das weniger absatzfähige Waren auf den Markt bringt, um Güter anderer Art zu erwerben, hat fortan ein stärkeres Interesse daran, seine ursprünglichen Waren gegen das Gut zu tauschen, das zum Geld wurde. Denn solche Personen erlangen durch den Austausch ihrer weniger verkäuflichen Waren gegen solche, die als Geld am verkäuflichsten sind, nicht nur wie bisher eine höhere Wahrscheinlichkeit, sondern die Gewissheit, von jeder Art von Gütern sofort äquivalente Mengen erwerben zu können, die auf dem Markt erhältlich sind. Und ihre Kontrolle darüber hängt einfach von ihrem Gutdünken und ihrer Wahl ab. *Pecuniam habens, habet omnem rem quem vult habere.*

Andererseits, wer andere Waren als Geld auf den Markt bringt, ist mehr oder weniger benachteiligt. Um die gleiche Kontrolle über das zu erlangen, was der Markt bietet, muss er seine austauschbaren Güter zuerst in Geld umwandeln. Die Natur seiner wirtschaftlichen Einschränkung zeigt sich durch die Tatsache, dass er gezwungen ist, eine Schwierigkeit zu überwinden, bevor er seinen Zweck erreichen kann, die für den Besitzer eines Geldvorrats nicht existiert, bzw. bereits überwunden ist.

Dies hat für die Praxis umso größere Bedeutung, als die Überwindung dieser Schwierigkeit nicht unbedingt in Reichweite desjenigen liegt, der weniger verkaufsfähige Ware auf den Markt bringt, sondern zum Teil von Umständen abhängt, auf die der einzelne Händler keinen Einfluss hat. Je weniger verkäuflich seine Waren sind, desto sicherer wird er entweder die Strafe im wirtschaftlichen Preis erleiden müssen oder sich damit begnügen, den Augenblick abzuwarten, an dem es ihm möglich sein wird, eine Umwandlung zu wirtschaftlichen Preisen vorzunehmen. Wer im Zeitalter der Geldwirtschaft Güter jeglicher Art, die kein

Geld sind, gegen andere auf dem Markt angebotenen Güter eintauschen möchte, kann nicht sicher sein, dieses Ergebnis sofort oder innerhalb einer bestimmten Zeit zu wirtschaftlichen Preisen zu erreichen. Und je weniger verkäuflich die von einem Wirtschaftssubjekt auf den Markt gebrachten Güter sind, desto ungünstiger wird seine wirtschaftliche Lage für seine eigenen Zwecke im Vergleich zu denen, die Geld auf den Markt bringen. Denken Sie beispielsweise an den Besitzer eines Bestands an chirurgischen Instrumenten, der durch eine plötzliche Notlage oder durch den Druck von Gläubigern dazu gezwungen ist, diese in Geld umzuwandeln. Die Preise werden zu diesem Zeitpunkt höchst zufällig sein, ja, die Waren werden von so begrenzter Verkäuflichkeit sein, dass sie sich als ziemlich unberechenbar herausstellen. Und das gilt für alle Arten von Umwandlungen, die in Hinblick auf Zeit ein erzwungener Kauf sind.[10] Anders geartet ist der Fall von jemandem, der auf einem Markt das

---

10 Hierin liegt die Erklärung der Umstände, warum Zwangsverkäufe und insbesondere Fälle von Pfändungen in der Regel den wirtschaftlichen Untergang desjenigen nach sich ziehen, auf dessen Eigentum sie sich erstrecken, und zwar umso mehr, je weniger die betreffenden Waren verkäuflich sind. Die richtige Feststellung des unwirtschaftlichen Charakters dieser Prozesse wird notwendigerweise zu einer Reform des verfügbaren Rechtsmechanismus führen.

zu *Geld* gewordene Gut sofort in andere auf diesem Markt angebotenen Güter umwandeln will. Er wird seinen Zweck nicht nur mit Sicherheit erfüllen, sondern meist auch zu einem der allgemeinen Wirtschaftslage entsprechenden Preis. Ja, die Gewohnheit des wirtschaftlichen Handelns hat uns so sicher gemacht, dass wir uns gegen Geld alle Güter auf dem Markt, wann immer wir wollen, zu Preisen, die der wirtschaftlichen Lage entsprechen, beschaffen können, sodass wir meist nicht wissen, wie viele Einkäufe, die wir täglich anstreben, in Bezug auf unsere Wünsche und den Zeitpunkt des Abschlusses verpflichtende Käufe sind. Zwangsverkäufe hingegen drängen sich infolge des damit verbundenen wirtschaftlichen Nachteils in unverkennbarer Weise in die Aufmerksamkeit der Beteiligten. Die Eigentümlichkeit einer zu Geld gewordenen Ware besteht also darin, dass ihr Besitz uns zu jeder Zeit, d.h. zu jedem für uns passend erscheinenden Augenblick, gesicherte Kontrolle über jede auf dem Markt zu habende Ware verschafft, und dies in der Regel zu Preisen, die der aktuellen Wirtschaftslage angepasst sind; die Kontrolle hingegen, die von anderen Güterarten über Marktgüter – zeitlich und preislich gesehen – ausgeübt wird, ist vergleichsweise, wenn nicht sogar komplett, unsicher.

Der Effekt der Güter, die die vergleichsweise verkäuflichsten sind, und zu Geld werden, ist also eine zunehmende Unterscheidung ihres Grades der Verkäuflichkeit und der aller anderen Güter. Und dieser Unterschied in der Verkäuflichkeit hört ganz allmählich auf graduell zu sein und muss in gewisser Hinsicht als etwas Absolutes betrachtet werden. Sowohl die Alltagspraxis als auch die Rechtsprechung, die sich weitgehend an die im Alltag vorherrschenden Vorstellungen hält, unterscheiden zwei Kategorien in den Mitteln des Verkehrs: zu Geld gewordene Güter und nicht zu Geld gewordene Güter. Und der Grund dieser Unterscheidung liegt, wie wir herausgefunden haben, im Wesentlichen in dem oben dargelegten Unterschied der Verkäuflichkeit der Güter - Ein Unterschied, der für das praktische Leben sehr bedeutsam ist und der durch staatliches Eingreifen noch verstärkt wird. Diese Unterscheidung kommt in der Sprache außerdem in der unterschiedlichen Bedeutung von „Geld" und „Waren", von „Kauf" und „Tausch" zum Ausdruck. Sie liefert aber auch die Haupterklärung jener Überlegenheit des Käufers über den Verkäufer, die mannigfaltige Beachtung gefunden hat, aber bisher ungenügend erklärt geblieben ist.

VIII. Wie aus den Edelmetallen Geld wurde

Die Güter, die örtlich und zeitlich am verkäuflichsten sind, wurden zu verschiedenen Zeiten unter denselben Nationen zu Geld sowie unter verschiedenen Nationen zur gleichen Zeit, und sie sind unterschiedlich in ihrer Art. Der Grund, warum die *Edelmetalle* zum allgemeinen aktuellen Tauschmittel zwischen dem Hier und Da einer Nation vor ihrem Erscheinen in der Geschichte und in der Folge unter allen Völkern der fortgeschrittenen wirtschaftlichen Zivilisation geworden sind, liegt daran, dass ihre Verkäuflichkeit allen anderen Gütern bei weitem überlegen ist und zugleich, weil sie sich für die Unter- und Nebenfunktionen des Geldes als besonders qualifiziert erwiesen haben.

Es gibt kein Bevölkerungszentrum, das nicht schon in den Anfängen der Zivilisation die Edelmetalle stark begehrt und sehnlich erwünscht hat, in der Urzeit wegen ihrer Nützlichkeit und eigentümlichen Schönheit, um sich selbst damit zu schmücken, letztendlich aber als die erlesenen Materialien für Plastiken und architektonische Dekoration, insbesondere für Ornamente und Gefäße aller Art. Trotz ihrer natürlichen Knappheit sind sie geografisch gut verteilt und im Verhältnis zu den meisten anderen Metallen leicht zu gewinnen und zu verarbeiten. Außerdem ist das Verhältnis der verfügbaren Menge der Edelmetalle zum Gesamtbedarf so gering, dass die Zahl derer, deren Bedarf an ihnen nicht vollumfänglich oder zumindest ungenügend versorgt wird, zusammen mit dem Ausmaß dieses nicht versorgten Bedarfs immer relativ groß ist – in der Regel größer als bei anderen wichtigeren, wenn auch reichlicher verfügbaren Gütern. Wiederum ist die Klasse der Personen, die die Edelmetalle erwerben wollen, aufgrund der Art von Bedürfnissen, die durch diese befriedigt werden, so, dass sie ganz besonders die Mitglieder der Gemeinschaft einschließen, die am wirksamsten tauschen können; und damit ist der Wunsch nach den Edelmetallen in der Regel wirksamer. Dennoch erstrecken sich die Grenzen des effektiven Verlangens nach den Edelmetallen auch auf jene Bevölkerungsschichten, die damit weniger effektiv handeln können, aufgrund der großen Teilbarkeit der Edelmetalle und des Genusses, der durch die Ausgabe auch sehr kleiner Mengen davon in der individuellen Wirtschaft entsteht. Daneben gibt es die weiten zeitlichen und räumlichen Grenzen der Verkäuflichkeit der Edelmetalle; eine Konsequenz einerseits aus dem nahezu allgegenwärtigen Bedarf zusammen mit ihren im Verhältnis zu ihrem Wert geringen Transportkosten, andererseits aus ihrer unbegrenzten Haltbarkeit und den relativ geringen Aufbewahrungskosten. In keiner Volkswirtschaft, die über die ersten Entwicklungsstufen hinausgegangen ist, gibt es Güter, deren Verkäuflichkeit in vielerlei Hinsicht – persönlich, quantitativ, räumlich und zeitlich – so wenig eingeschränkt sind wie die Edelmetalle. Es kann nicht bezweifelt werden, dass sie, lange bevor sie zu den allgemein anerkannten Tauschmitteln geworden waren, bei sehr vielen Völkern zu jeder Zeit, an jedem Ort und in praktisch jeder Menge, die ihren Weg auf den Markt gefunden hat, einer positiven und wirksamen Nachfrage begegnet ist.

Daraus ergab sich der Umstand, der für ihre Geldwerdung notwendigerweise von besonderer Bedeutung wurde. Für jeden, der unter diesen Bedingungen über eines der Edelmetalle verfügte, bestand nicht nur die begründete Aussicht, sie auf allen Märkten zu jeder Zeit und in praktisch allen Mengen umwandeln zu können, sondern auch – und das ist letztendlich das Kriterium von Verkäuflichkeit – die Aussicht, sie zu Preisen umzuwandeln, die jederzeit der allgemeinen wirtschaftlichen Lage entsprachen, den *Wirtschaftspreisen*. Der verhältnismäßig starke, beharrliche und allgegenwärtige Wunsch der effektivsten Händler die Preise des Augenblicks, des Notfalls oder des Zufalls auszuschließen, ist bei den Edelmetallen weiter gegangen als bei allen anderen Gütern, zumal diese wegen ihrer Kostbarkeit, Haltbarkeit und leichten Aufbewahrung zum beliebtesten Mittel des Hortens sowie zu den beliebtesten Handelsgütern geworden waren.

Unter solchen Umständen wurde es zum Leitgedanken der intelligenteren Händler, und dann, als die Situation allgemeiner verstanden wurde, in der Vorstellung aller, dass der Vorrat an Gütern, die gegen andere Güter ausgetauscht werden sollen, in erster Linie in Edelmetallen angelegt sein oder in solche umgewandelt werden müssen oder bereits den Bedarf in dieser Richtung gedeckt hatten. Aber in und durch diese Funktion sind die Edelmetalle bereits das allgemein gängige Tauschmittel. Mit anderen Worten, sie fungieren hiermit als Güter gegen die jeder seine Marktwaren einzutauschen sucht, in der Regel nicht zum Konsum, sondern ausschließlich wegen ihrer besonderen Verkäuflichkeit, in der Absicht sie anschließend für andere, unmittelbar gewinnbringende Güter auszutauschen. Kein Zufall, keine Folge staatlichen Zwanges, keine freiwillige Vereinbarung von Kaufleuten hat dies bewirkt. Es war bloß die gerechte Wahrnehmung ihrer individuellen Eigeninteressen, die dazu führte, dass alle wirtschaftlich fortgeschritteneren Nationen die Edelmetalle als Geld annahmen, sobald ein ausreichender Vorrat davon gesammelt und in den Handel eingeführt worden war. Der Aufstieg von günstigeren zu teureren Geldmitteln hängt von analogen Ursachen ab.

Das stabile Preisverhältnis förderte diese Entwicklung des Austauschs zwischen den Edelmetallen und anderen Gütern – eine Stabilität, die auf die besonderen Umstände der Produktion, des Verbrauchs, und des Tauschs der Edelmetalle zurückgeht und damit mit den sogenannten intrinsischen Gründen ihres Tauschwertes verbunden ist. Dies ist ein weiterer Grund, warum jeder Mensch zunächst (d.h. bis er in für ihn unmittelbar nützliche Güter investiert) seinen verfügbaren Tauschbestand in Edelmetallen anlegen oder in letztere umwandeln sollte. Außerdem hat die *Homogenität* der Edelmetalle und die damit verbundene Leichtigkeit, mit der sie im Schuldverhältnis als *res fungibiles* dienen können, zu Vertragsformen geführt, durch die der Verkehr erleichtert wurde; auch dies hat die Verkäuflichkeit der Edelmetalle und damit ihre Übernahme als Geld wesentlich gefördert. Schließlich sind die Edelmetalle infolge der Eigentümlichkeit ihrer *Farbe*, ihres *Klanges* und teilweise auch ihres *spezifischen Gewichts* mit einiger Übung nicht schwer zu erkennen und durch ihre Aufnahme eines dauerhaften Stempels in Qualität und Gewicht leicht zu kontrollieren; auch dies hat wesentlich dazu beigetragen, ihre Verkäuflichkeit zu erhöhen und ihre Annahme und Verbreitung als Geld voranzutreiben.

IX.
Einfluss der Staatsgewalt

Geld wurde nicht per Gesetz generiert. Es ist seinem Ursprung nach eine gesellschaftliche und keine staatliche Institution. Die Sanktionierung durch die Staatsgewalt ist ihr fremd. Andererseits ist dieses gesellschaftliche Geldkonstrukt durch staatliche Anerkennung und staatliche Regulierung verfeinert und an die vielfältigen und unterschiedlichen Bedürfnisse eines sich entwickelnden Handels angepasst worden, ebenso wie die Gewohnheitsrechte durch das Gesetz vervollkommnet und angepasst wurden. Ursprünglich nach Gewicht behandelt, haben die Edelmetalle, wie andere Güter auch, nach und nach als Münzen eine Gestalt angenommen, durch die ihre an sich hohe Verkäuflichkeit eine materielle Steigerung erfahren hat. Die Festlegung einer alle Wertstufen umfassenden Prägung und die Einrichtung und Erhaltung von Münzen, um das Vertrauen der Öffentlichkeit zu gewinnen und Risiken hinsichtlich Echtheit, Gewicht und Feingehalt so weit wie möglich zu vermeiden, und vor allem die Sicherstellung ihres Umlaufs im Allgemeinen, sind überall als wichtige Funktionen der Staatsverwaltung anerkannt worden.

Die Schwierigkeiten, die der Handel und Zahlungsverkehr eines jeden Landes durch das konkurrierende Handeln der verschiedenen als Währung dienenden Güter erfahren hat, und ferner der Umstand, dass gleichzeitige Standards eine vielfältige Unsicherheit im Handel verursachen und verschiedene Umwandlungen der zirkulierenden Mittel notwendig machen, haben zur rechtlichen Anerkennung bestimmter Waren als Geld (nach Rechtsnormen) geführt. Und wo mehr als eine Ware als rechtliche Zahlungsform akzeptiert oder zugelassen wurde, hat das Gesetz oder ein Bewertungssystem ein bestimmtes Wertverhältnis zwischen ihnen festgelegt.

Alle diese Maßnahmen haben die Edelmetalle dennoch nicht erst zu Geld gemacht, sondern in ihrer Funktion als Geld nur vervollkommnet.